Traumhaft schöne
Gute-Nacht-Geschichten

Inhalt

Fuchs und Maus ⭐ 6

Die Nachtwanderung ⭐ 9

Urlaub mit Orange ⭐ 12

Ein tierisches Picknick ⭐ 17

Paulis Winterbett ⭐ 20

Michels Stern ⭐ 23

Als der Dino krank war ⭐ 25

Das Dorf der Schussel ⭐ 29

Hoch in der Luft ⭐ 34

Nachts im Zoo ⭐ 38

Brontus, der frierende Eisbär ⭐ 42

Das neue Fahrrad ⭐ 47

Twiggy will fliegen ⭐ **51**

Woher die Träume kommen ⭐ **57**

Ein neuer Freund ⭐ **59**

Die Schatztruhe ⭐ **63**

Auf dem Dachboden ⭐ **67**

Klaus, der Hase ⭐ **69**

Mimi in der Stadt ⭐ **71**

Der kleine Käfer ⭐ **73**

Drachenfräulein Adelheid ⭐ **76**

Nachts im Kinderzimmer ⭐ **80**

Wurzel, der Wichteldoktor ⭐ **83**

Die Kinderzimmerpiraten ⭐ **87**

Die Ärgermaus ⭐ **90**

Fuchs und Maus

„Füchschen", sagt die Fuchsmama,
„Hör mir zu und lass dir sagen:
Mäuse sind zum Fressen da,
Die gehören in den Magen!
Darum sei ein braves Kind
Und friss deine Maus geschwind!"

Ängstlich sah die kleine Maus
Zu dem kleinen Fuchs hinüber.
Ach, gleich ist mein Leben aus!
Dachte sie und rief: „Mein lieber
Kleiner Fuchs, ich bitte dich:
Sei so gut und friss mich nicht!"

„Komm!", rief da das Fuchskind schnell,
„Komm, solange Mama wegsieht!
Schnell, setz dich hier auf mein Fell
Und dann raus, bevor sie's mitkriegt!
Nichts wie los, ganz still und leise
Machen wir uns auf die Reise!"

Und so rettete der Fuchs
Unserer kleinen Maus das Leben.
Leise, ohne einen Mucks
Schlichen sie davon soeben.
Und im Wald, da sieht man nun,
Fuchs und Maus zusammen ruhn.

Warum laufen Fuchs und Maus fort?

Die Nachtwanderung

Draußen war es dunkel. Unser Hund Purzel lag in seinem Korb und schnarchte. Oma und ich saßen neben ihm und lasen ein Buch. Ich bin Lena. In diesem Jahr werde ich schon fünf Jahre alt! Mama sagte: „Wollt ihr müden Helden nicht langsam ins Bett gehen?" – „Nöö, ich bin noch gar nicht müde", nörgelte mein Bruder Bernd. „Ich möchte noch etwas machen!" Papa nahm ihn auf den Arm und Bernd schmiegte sich ganz eng an ihn. „So", sagte Papa, „was willst du denn noch machen?"
Er ging mit Bernd zum Fenster. „Die Nacht erforschen!", flüsterte der, „rausgehen und nachsehen, was die Tiere jetzt machen. Und die Sterne anschauen!" – „Hm", meinte Papa, „dazu habe ich eigentlich auch noch Lust. Und du, Lena?" Natürlich wollte ich mitkommen! „Ich komme auch mit!", rief Mama aus der Küche. „Wartet, ich hole meine Taschenlampe! Aber Purzel lassen wir hier. Sonst stolpern wir noch im Dunkeln über ihn."
Draußen war es stockdunkel. Zuerst konnten wir gar nichts sehen. Mama wollte ihre Taschenlampe nämlich nur an schwierigen Stellen anmachen. Aber nach und nach gewöhnten sich unsere Augen an die Dunkelheit. Und bald konnten wir im Schein der Sterne und des Mondes doch ein wenig erkennen. Die Welt sieht im Dunkeln ganz anders aus.

Alles ist so schwarz und man erkennt nur die Umrisse. Und ich finde, auch die Geräusche sind anders. Irgendwo huscht plötzlich etwas, es knistert, knackt … Ich hielt Mamas Hand ganz fest. Und Bernd drückte sich an Papa. War das da drüben wirklich der große Holunderbusch, oder … Hu, es sah aus wie ein Tier! Und jetzt bewegte es sich auch noch! Ein Tier mit Hörnern! „Papa!", ich konnte nur flüstern, „sieh doch mal, da!" Papa hatte mit Bernd nach den Sternen gesehen und nichts bemerkt. Jetzt guckte er in die Richtung, in die ich zeigte. Das unheimliche Tier war schon viel näher gekommen. Langsam bewegte es sich auf uns zu. „Was ist denn das?", fragte Mama ganz erstaunt.

„Knips doch mal die Taschenlampe an!", sagte Papa. Ich klammerte mich ganz eng an Mama. Mama war mutig. Sie machte Licht – und vor uns stand Klara. Das ist die Kuh von Bauer Carstens. Seine schönste und beste Kuh! Ich bin sogar schon auf ihr geritten, die tut niemandem etwas. Papa lockte Klara wieder auf ihre Weide und machte das Tor hinter ihr zu. Der Weg nach Hause ging viel zu schnell, fand ich. Purzel kam uns aufgeregt entgegengerannt und sprang glücklich an uns hoch.

Ich erzählte ihm von Klara und ich bin ganz sicher: Unser Hund Purzel hat uns ausgelacht.

Vor was erschreckt sich Lena im Dunkeln?

Urlaub mit Orange

Einmal fuhr Peter mit seinen Eltern und seiner kleinen Schwester Anna in den Urlaub. Die Reise ging nach Italien an das Mittelmeer. Sie fuhren mit dem Auto. Hinten dran am Auto hatten sie einen Wohnwagen.

Nach einer sehr langen Autofahrt kamen sie auf dem Campingplatz an. Nachdem sie den Wohnwagen abgestellt und ein Zelt aufgebaut hatten, gingen sie zusammen ans Meer. Das taten sie immer als Erstes, wenn sie am Urlaubsort ankamen. Die ganze Familie liebte das Meer. Anna freute sich über die kleinen Krebse am Strand. Peter sammelte jede Muschel ein, die er finden konnte.

Und Mama und Papa schnorchelten gerne im Meer. Peters Papa hatte sogar eine Kamera, mit der man unter Wasser Fotos machen konnte.

Als Peter und seine Familie später wieder zum Wohnwagen zurückgingen, lag dort eine Katze. Sie machte es sich auf einem der Liegestühle gemütlich. Ihr Fell war weiß mit ganz vielen orangefarbenen Punkten. Normalerweise rennen Katzen weg, wenn sie Menschen sehen, die sie nicht kennen. Diese Katze aber blieb einfach liegen. Auch als Anna auf die Katze zulief und sie streichelte. Die Katze fing sogar an, laut zu schnurren. Annas Mama erklärte, dass Katzen das machen, wenn sie sich wohlfühlen.

Anna hatte sich trotzdem ein bisschen erschrocken und etwas Abstand gehalten. Die Katze drehte sich nun auf den Rücken. Mit der rechten Pfote machte sie eine Bewegung. Das sah aus, als ob sie sagen wollte: *Streichle mich*.

Peter ging auch zur Katze und streichelte sie. Die Katze schnurrte gleich wieder und rekelte sich genüsslich hin und her. Die Mama von Peter und Anna sagte, dass die Katze keine Katze sei, sondern ein Kater. Und dann schlug sie vor, dass man dem Tier einen Namen geben solle.

„Wie wäre es mit Karsten?", schlug der Vater vor. Aber Peter gefiel der Name nicht. Sie überlegten weiter und fanden keinen passenden Namen. Irgendwann sagte Anna dann leise vor sich hin: „Orange." Sie meinte damit die orangen Flecken des Katers. Alle anderen waren sofort Feuer und Flamme. Sie wollten den Kater Orange nennen. Und der Kater war wohl auch recht zufrieden mit seinem neuen Namen, denn er blieb ständig in der Nähe des Wohnwagens. Orange war morgens da, wenn der Erste der Familie wach war. Er war auch abends noch da, wenn sich Peters Mama und Papa schlafen legten. Tagsüber, wenn alle am Strand waren, legte sich Orange meistens in den Schatten und schlief. Dafür war er ausgeschlafen, wenn die Familie wieder zurückkam. Dann spielte er mit den Kindern. Er rannte hinter Anna her, hinter Peter, hinter seinem eigenen Schwanz und hinter den offenen Schuhbändern von Peters Papa. Der hatte einmal nicht mit Orange gerechnet, stolperte über ihn und fiel hin. Erst guckte der Papa etwas grimmig. Doch dann musste er herzlich darüber lachen, dass er über den Kater Orange gestolpert war.

Und so vergingen die Urlaubstage und alle freuten sich immer schon darauf, abends wieder mit Orange zu spielen.

Doch dann kam der letzte Urlaubstag. Es war an der Zeit, sich von Orange zu verabschieden. Peter und Anna wollten ihre Eltern überreden, Orange mit nach Hause zu nehmen. Aber ihre Eltern sagten, dass das verboten sei. Und vielleicht hatte Orange ja schon ein Herrchen. Peter und Anna glaubten das nicht. Schließlich war Orange im Urlaub die ganze Zeit über bei ihnen gewesen.

Ausgerechnet an diesem letzten Urlaubstag konnten sie Orange nicht finden. Sie suchten ihn überall – rund um ihren Wohnwagen herum. Peter und Anna liefen sogar über den ganzen Campingplatz. Aber Orange war nirgends zu finden. Deshalb mussten sie abreisen, ohne Orange noch einmal Tschüss sagen zu können.

Darüber waren alle vier sehr unglücklich. Auf der Rückfahrt im Auto sprachen sie oft von Orange. Und manchmal mussten sie alle lachen, wenn sie an Orange dachten. Aber Anna und Peter mussten auch einmal weinen, weil sie ihn ja so gerne mit nach Hause genommen hätten.

Als sie zu Hause ankamen, öffnete Peters Papa die Tür des Wohnwagens. Plötzlich kam ihm Orange entgegengeschlendert. Der Kater hatte sich im Wohnwagen versteckt! Er reckte und er streckte sich. Und vor lauter Gähnen konnte Orange den Mund kaum zumachen. Er hatte wohl die ganze lange Fahrt über geschlafen. Peter und Anna nahmen ihn abwechselnd hoch. Sie streichelten ihn und freuten sich. Orange freute sich auch. Allerdings war er etwas verwundert, weil er die Umgebung nicht kannte.

Er war froh, dass er bei Anna, Peter und ihren Eltern bleiben konnte. Endlich hatte Orange ein richtiges Zuhause gefunden.

Warum können sich die Kinder nicht von Orange verabschieden?

Ein tierisches Picknick

Heute sollte ein besonderer Tag für die Tiere vom Bauernhof werden. Sie hatten an diesem schönen sonnigen Tag ein Picknick geplant. Gleich morgens machten sie sich auf den Weg. Alle waren dabei: Fritz, das Schwein, Liese, das Schaf, Stella, die Katze, Topo und Lino, die Mäuse, Max, der Dackel, und die drei Hühner Friederike, Walpurga und Berta. Und die jungen Küken kamen natürlich auch mit. Vom Bauern hatten sie sich den Schubkarren und ein paar Körbe geholt, in dem sie alle Leckereien verstauten. Auch eine große gelbe Decke fand darin ihren Platz.

Mitten im Wald kamen sie an eine schöne Blumenwiese. Dort ging kein Wind. Die Blumen dufteten, die Sonne schien und es gab auch ein paar schattige Stellen. Das sollte ihr Picknickplatz sein. Max, der Dackel, und Stella, die Katze, breiteten gleich die große Decke aus. Alle Tiere machten es sich darauf gemütlich. Dann packten Liese und Walpurga die leckeren Sachen aus, die sie mitgebracht hatten: Äpfel, Möhren, Käse, Brote, Milch, Wasser und noch viel mehr. So saßen die Bauernhoftiere glücklich bei ihrem Picknick. Sie aßen, tranken und redeten. Ganz unauffällig schlich sich durch den dichten Wald ein Hase an. Er lugte hinter einem Baustamm hervor und beobachtete die Tiere.

18

Plötzlich flatterten von überall bunte Schmetterlinge herbei. Auf einmal bemerkten die Mäuse Topo und Lino ein Rascheln im Gebüsch. Ein Eichhörnchen belauschte sie. Aber das waren noch lange nicht alle Besucher. Hinter Berta krabbelte auf einem Stein ein Marienkäfer.

Fritz, das Schwein, entdeckte plötzlich eine Eule im Baum – und das am helllichten Tag! „So was gibt's doch gar nicht!", sagte Fritz erstaunt. Und als Stella mitten auf der Picknickdecke eine Schnecke sah, wussten alle Bescheid: Die Tiere aus dem Wald wollten auch ein Picknick machen!

Nach kurzer Zeit saßen viele verschiedene Tiere beisammen. Sie speisten und tranken. Sie erzählten sich tolle Geschichten und sie spielten miteinander.

Als Dank für die Einladung pflückten die Tiere aus dem Wald viele bunte Blumen und schenkten ihren neuen Freunden einen wunderschönen Blumenstrauß. Und weil das allen Tieren so viel Spaß gemacht hat, treffen sie sich jeden Sommer auf derselben Wiese und machen alle zusammen ein großes Picknick.

Welche Tiere sind beim Picknick dabei?

Paulis Winterbett

Pauli, der kleine Igel, war erst vier Monate alt. Er wohnte in einem Schrebergarten unter einem Tannenbaum. Als die Tage kürzer wurden, beschloss er, sich einen Platz für seinen Winterschlaf zu suchen. Er tippelte auf seinen kleinen Füßen in den nächsten Garten, dann in den übernächsten und immer weiter. Aber der kleine Pauli hatte immer noch keinen richtigen Platz gefunden. So kehrte er zurück zu seinem Tannenbaum.

Am nächsten Abend lief er in die andere Richtung. Er suchte und suchte die ganze Nacht über, fand aber auch dort nichts. Müde kam er morgens bei Sonnenaufgang nach Hause und legte sich schlafen. Es war bitterkalt. Als Pauli abends vorsichtig unter seinem Baum nach draußen sah, entdeckte er, dass das Gras ganz weiß war.

Brrrh – war das kalt an den Füßen, als er loslief! Jetzt wurde es wirklich allerhöchste Zeit. Er durchquerte den Garten und schlüpfte unter dem Zaun hindurch auf den Gehsteig. Dort schaute er nach links, dann nach rechts, und als die Luft rein war, rannte er über die Straße. Pauli war noch nie alleine über die Straße gelaufen, weil seine Mutter ihren Igelkindern immer erzählt hatte, wie gefährlich das sei. Auf der anderen Straßenseite verschwand er schnell in einem großen Garten.

Dort gefiel es ihm gleich viel besser als zu Hause! Das Gras war nicht gemäht und auf den Gartenbeeten wucherte das Unkraut. Pauli entdeckte einen breiten Komposthaufen. Gleich daneben lag ein riesiger Berg aus abgeschnittenen Ästen, Zweigen und Blättern.

Langsam kroch er in den Berg hinein. Dort war es schön warm und fast ganz dunkel. Wenn das nicht der richtige Platz für seinen Winterschlaf war! Pauli schleppte reichlich Moos in den Berg hinein und machte es sich gemütlich. Hier würde er bleiben. Als er Hunger bekam, tippelte er zum Komposthaufen und fand darin eine Unmenge Würmer. Das war seine Leibspeise. Und er fraß, bis er kaum noch laufen konnte.

Mühsam schleppte er sich zurück in den warmen Berg
aus Zweigen und legte sich hin, um ein wenig zu schlafen.
Als er wieder aufwachte, hörte er die Vögel singen.
Draußen schien die Sonne und die Bäume und Sträucher
zeigten schon die ersten Knospen. Der Winter war vorbei –
und Pauli hatte ihn verschlafen!

Warum gefällt Pauli der Garten so gut?

Michels Stern

„Unser Michel ist ein richtiger Träumer!", sagte Oma. Michel saß mit seinem Kater Karl gemütlich auf der Fensterbank. Sie kuschelten sich aneinander und sahen hinauf zum Sternenhimmel. Michel hatte Oma gehört.
„Ich bin kein Träumer", sagte er, „ich rede mit meinem Stern!" Oma lachte und kam zum Fenster herüber.
„Na so was", sagte sie, „du hast also einen eigenen Stern?" –
„Na klar!", antwortete Michel stolz. Mama kam auch zum Fenster. „Das stimmt", sagte sie. „Siehst du den leuchtenden Stern dort oben rechts? Den, der so hell funkelt? Das ist Michels Stern. Als Michel noch ganz klein war, haben wir immer dieses Schlaflied gesungen: Weißt du, wie viel Sternlein stehen an dem weiten Himmelszelt? Weißt du, wie viel Kinder gehen über diese weite Welt? Gott der Herr hat sie gezählet, dass ihm auch nicht eines fehlet an der ganzen, großen Zahl."
Daraufhin sagte Michel: „Da habe ich gedacht, dass Gott sich aber ganz schön viel merken kann! Und ich habe überlegt, wie er das wohl macht. Wenn ich mir was merken will, dann male ich mir manchmal ein Erinnerungsbild und hänge es auf. Und da bin ich auf die Idee gekommen: Vielleicht hängt sich Gott ja Erinnerungssterne auf, um sich alle Kinder zu merken?"

„Genau", sagte Michels Mama. „Und als wir gerade überlegten, welcher Stern wohl an Michel erinnert, da blinkte plötzlich dieser Stern da oben ganz hell auf. Als ob er sagen wollte: Ich bins! Und seither denken wir uns: Das ist wohl Michels Stern." Oma stellte sich zu Michel, Kater Karl und Mama. Und alle sahen zu Michels Stern hinauf. Und es schien, als würde er wirklich besonders hell funkeln.

Wie findet Michel seinen Stern?

Als der Dino krank war

Einmal war der kleine Dinosaurier Kasimir krank. Er hatte Schnupfen und nachts war ihm immer ganz heiß. Seine Eltern sagten: „Junge, wer ein echter Dino werden will, der jammert nicht wegen solcher Kleinigkeiten." Also überlegte Kasimir, wer ihm wohl sonst helfen könnte. Er hatte gehört, dass es bei den Menschen jemanden gab, der sich um Kranke kümmerte. Dieser Mensch hieß Arzt. Darum machte sich Kasimir auf den Weg zu den Menschen. Sie lebten weit weg von den Dinosauriern. Kasimir musste lange wandern. Doch dann kam er endlich im Dorf der Menschen an. Kasimir suchte das Haus des Arztes. Vorsichtig ging er hinein und schaute sich um. Im Wartezimmer saß eine ältere Dame.
Kasimir grüßte höflich: „Guten Tag, gnädige Frau. Ich bin Kasimir und ich habe starken Schnupfen." Die ältere Dame sah nicht mehr so gut und antwortete: „Guten Tag, junger Mann. Sie müssen wohl der Bäckerjunge sein. Ich habe schon gehört, dass Sie so groß gewachsen sind." Dann sah sie wieder zum Fenster hinaus, bis sie vom Doktor in das Sprechzimmer gerufen wurde. Als die alte Dame wieder herauskam, rief der Doktor: „Der Nächste bitte!"
Kasimir stand auf und betrat das Sprechzimmer. Als der Arzt ihn sah, schrie er laut: „Hilfeee! Ein Dinosaurier! Aah!"

Erschreckt fing Kasimir an zu schluchzen: „Oje! Ich dachte, Sie könnten mir helfen. Ärzte machen doch jeden gesund, der krank ist, oder? Also auch Dinosaurier. Wieso schreien Sie so? Was soll ich bloß machen?"

Kasimir wollte gerade wieder gehen, da nahm der Arzt seinen ganzen Mut zusammen: „Na gut, Dinosaurier, ich werde mich bemühen, dir zu helfen", sagte er. „Was fehlt dir denn?" Da freute sich Kasimir. Er erzählte dem Arzt von seinem Schnupfen und dass ihm nachts immer so heiß war. Daraufhin sagte der Arzt einige Dinge, die Kasimir nicht verstand. Er steckte ihm einen Holzstab in den Rachen. Dann klemmte der Arzt ihm ein Glasstäbchen unter den Arm. Er klopfte ihm mit einem Hämmerchen ans Knie und dann … ja, dann zog er eine große Spritze auf und wollte sie Kasimir in den Hintern piksen.

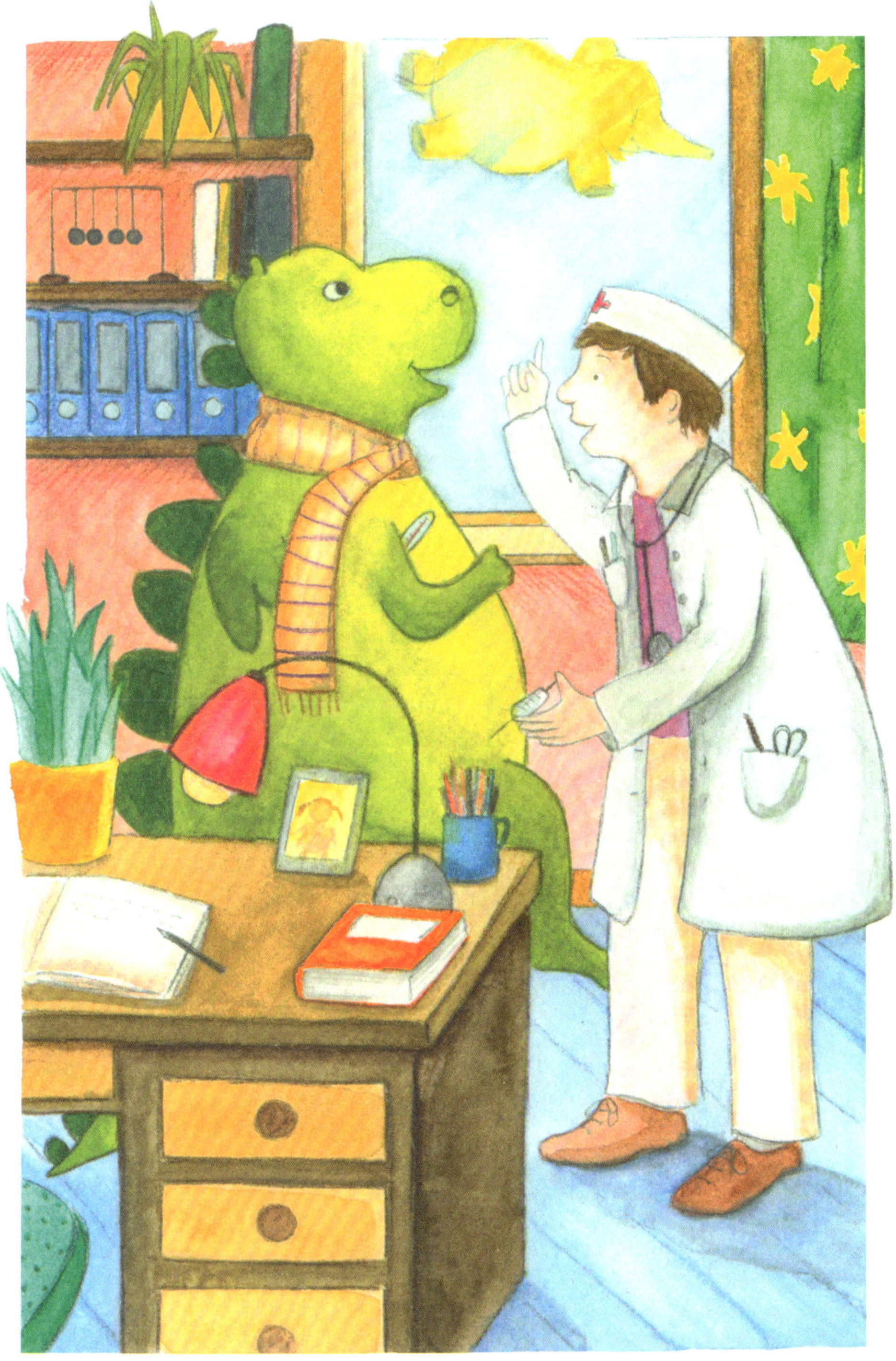

„Ooooh, muss das denn wirklich sein?", fragte Kasimir. Er bekam Angst, als er die Spritze sah. „Können Sie mir nicht lieber noch einen Holzstab in den Mund halten? Davon werde ich bestimmt wieder gesund", hoffte Kasimir. Der Arzt sagte: „Sieh mal da draußen, da fliegt ein gelber Elefant am Fenster vorbei!"

Und während Kasimir noch überlegte, ob er schon jemals einen gelben Elefanten gesehen hatte, war es auch schon passiert! Kasimir spürte einen kurzen Stich – sonst nichts. „Siehst du, so schnell geht das", sagte der Arzt. Kasimir war erleichtert. Das hatte er sich schlimmer vorgestellt.

Der Arzt gab ihm noch eine Packung Tabletten mit auf den Heimweg und sagte: „Jeden Tag eine Tablette mit einem Glas Wasser. Dann bist du bald wieder gesund."

Und schon auf dem Nachhauseweg fühlte Kasimir sich besser. Als er zu Hause ankam, war der Schnupfen schon vorbei. Und von der Hitze, die der Arzt übrigens Fieber genannt hatte, spürte er auch nichts mehr. Kasimir war wieder froh und gesund. Und er nahm sich vor: „Wenn ich wieder einmal krank bin, dann gehe ich gleich zu dem netten Menschenarzt. Der macht mich schnell wieder gesund!"

Wovor hat Kasimir Angst?

Das Dorf der Schussel

Mitten im Märchenwald lag einmal ein Dorf. In kleinen Häusern lebten dort ebenso kleine Wesen – das waren die Schussel. Ein Schussel sieht ein ganz kleines bisschen wie ein Mensch aus. Er hat zwar Haare wie du, aber die sind meist blau oder grün. Die Haut ist orange und die Nase rot. Schussel haben meist sehr große Ohren und Füße. Und sie sind allesamt nicht größer als dein großer Zeh. Das Besondere an ihnen ist aber Folgendes: Schussel sind immer auf der Suche nach irgendwas. Daher kommt auch ihr Name. Wenn man durch die Straße des Schusseldorfes ging, hörte man ständig Sätze wie: „Hast du meinen Ball gesehen?" Und: „Ich kann meine Socken nicht finden!" Oder: „Hat irgendjemand eine Ahnung, wo meine Lieblingsjacke geblieben ist?" Und die Schussel rannten alle wild durcheinander, krochen in alle Ecken und suchten und suchten. Manchmal war das ja ganz lustig. Einmal konnte ein Schussel zum Beispiel drei Tage lang seine Brille nicht finden – und erst dann merkte er, dass er sie die ganze Zeit auf der Nase getragen hatte.

Aber manchmal gab es auch wirklich große Probleme. Und von so einem Problem will ich euch heute erzählen. Eines Tages kamen die Schussel auf die Idee, einen Ausflug in den Wald zu machen.

Gesagt, getan – schnell hatten sie alles zusammen: Sie packten Proviant und Getränke ein, um unterwegs rasten zu können. Sie zogen sich ihre Wanderschuhe an. Sie nahmen sich Regenjacken und Sonnenhüte mit, um für jedes Wetter vorbereitet zu sein. Das Wetter war wunderschön. Die Vögel veranstalteten ein Pfeifkonzert und die Schussel liefen immer tiefer in den Wald hinein. Nach einigen Stunden setzten sie sich hin, um zu rasten.

„Das ist der schönste Ausflug, den wir je gemacht haben!", freute sich ein Schussel. „Ja", sagte ein anderer „und diesmal haben wir wirklich gar nichts vergessen!"

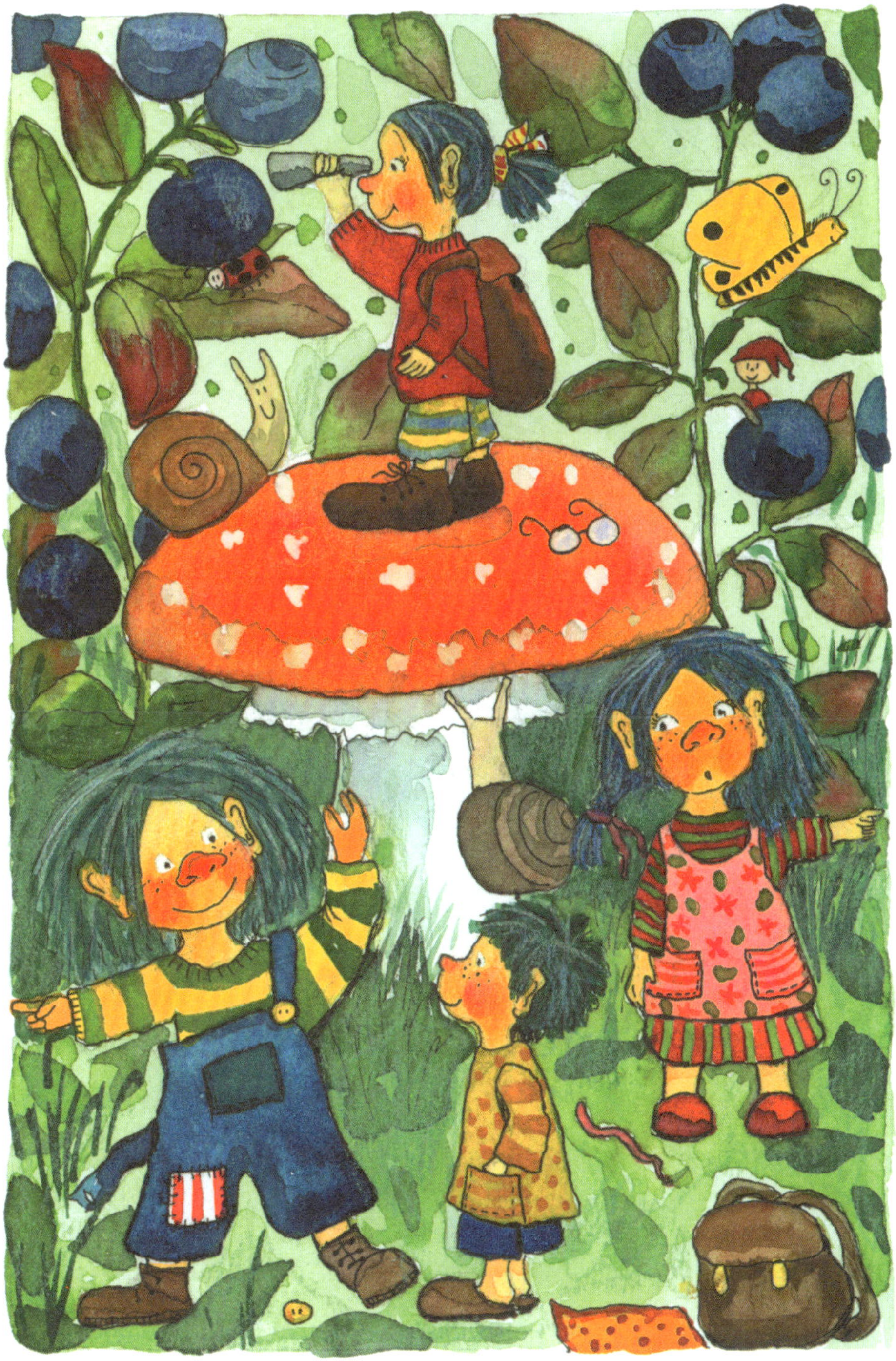

„Stimmt", freute sich ein dritter, „sogar eine Landkarte haben wir, damit wir auch wieder in unser Dorf zurückfinden können!" – „Gut, dass du die mitgenommen hast", lobte ihn der Erste, „sonst hätten wir uns noch verlaufen!" Aber da sah ihn der Dritte ganz erstaunt an und fragte: „Ich? Ich dachte, du hast die Karte?" – „Ich? Nein, ich nicht! Hast du sie?" – „Nein, ich nicht. Hast du die Karte vielleicht?" Und so ging es immer weiter: Ein Schussel fragte den nächsten, aber keiner hatte daran gedacht, eine Karte mit in den Wald zu nehmen! „Ach du lieber Himmel", rief der Oberschussel, „weiß denn wenigstens jemand noch den Weg zurück?" – „Da lang!", rief ein Schussel und zeigte nach rechts. „Nein, hier lang!", rief der zweite und zeigte nach links. „Nein da, nein, da …", kam es nun von überall.

Und schnell war klar: Kein Schussel hatte eine Ahnung, wie sie zurückkommen sollten.

Das war vielleicht eine Aufregung. Die Schussel suchten überall: rechts und links, oben und unten, in jeder Himmelsrichtung. Aber an den Weg nach Hause konnten sie sich einfach nicht erinnern. Inzwischen war es schon Abend geworden. Der Wind wehte immer kühler, die Vorräte waren auch schon aufgegessen und die Schussel bekamen langsam Angst. „Liebe Freunde", sagte der Oberschussel traurig, „ich fürchte, wir haben uns verirrt. Hat jemand eine Idee, wie wir nach Hause zurückfinden können?" Doch keinem fiel eine Lösung ein.

Bis auf einmal der allerkleinste Schussel sich bückte und einen Hosenknopf aufsammelte, den ein anderer Schussel verloren hatte. Und da kam ihm eine Idee: „Hört mal!", rief er, „wir verlieren doch ständig irgendetwas. Ich habe auf dem Weg hierher meinen Kamm verloren. Und mein Taschentuch ist auch weg. Wie ist das bei euch?" Schnell zeigte sich, dass jeder Schussel etwas verloren hatte. Sie suchten und fanden ein Stück nach dem anderen wieder. Und es dauerte gar nicht so lange, da hatten ihnen die verlorenen Gegenstände den Weg bis nach Hause gezeigt und die Schussel zurückgeführt.

Als sie das Schusseldorf erreichten, schrien alle Schussel: „Hoch lebe der Kleine! Du bist der Kleinste, aber auch der Klügste von uns!" Und sie feierten alle miteinander ein großes Fest.

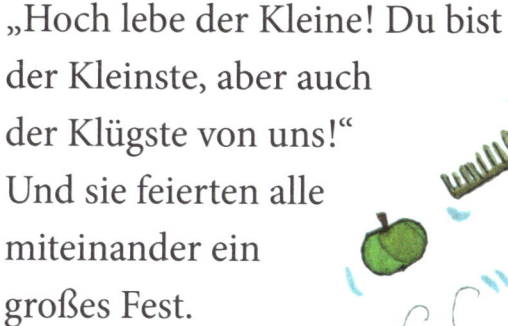

Wie finden die Schussel zurück ins Dorf?

Hoch in der Luft

Es war ein toller Urlaub. Der kleine Jonas war mit seinen Eltern für zwei Wochen nach Italien geflogen. Als die zwei Wochen vorbei waren, packte Mama abends die Koffer für die Heimreise. Am nächsten Morgen kam der Bus und brachte die Familie zum Flughafen. Dort gaben sie die beiden Koffer und die große Reisetasche am Gepäckschalter ab.
Es war noch genügend Zeit. Jonas konnte die riesigen Flugzeuge beobachten, wie sie starteten und landeten. Er wunderte sich, wie klein die Autos und Menschen waren, die er draußen auf dem Flugplatz sah. Wenn ein Flieger gelandet war, wurde eine hohe Treppe herangeschoben. Die Leute stiegen aus dem Flugzeug und die Treppe hinunter. Dann kam ein kleines Auto mit vielen leeren Anhängern. Es sah aus wie ein kleiner Zug auf Rädern. Männer stellten das Gepäck aus dem Bauch des Flugzeugs auf die Anhänger. Als alle Koffer aufgeladen waren, fuhr der Zug zurück zum Flughafengebäude. „Jonas! Komm jetzt. Wir müssen ins Flugzeug!", rief seine Mama. Schnell lief Jonas zu seinen Eltern. Sie stiegen in den Bus und dann die Treppe zu dem silberfarbenen Flugzeug hoch. Es stand bereit, um die Urlauber nach Hause zu bringen. Jonas durfte an einem der runden Fenster sitzen. Er hörte, wie die Motoren des Flugzeugs zu brummen anfingen.

Alle Leute mussten sich anschnallen. Das Flugzeug rollte langsam zur Startbahn. Dort blieb es kurz stehen. Aber dann gab der Pilot richtig Gas. Immer schneller sauste das Flugzeug dahin und stieg schließlich hoch in die Luft. Fliegen war einfach toll!

Bald war unten auf der Erde alles winzig klein. Jonas sah nur noch ein paar Inseln und das blaue Meer. Es dauerte eine Weile, dann flogen sie durch die Wolken. Alles war weiß und die Sonne schien sehr hell.

Etwas später konnte Jonas unter den Wolken Berge entdecken. Mama, die neben Jonas saß, erklärte: „Das sind die Alpen. Da müssen wir noch drüberfliegen. Und hinter den Bergen sind wir daheim."
Über Deutschland sank das Flugzeug tiefer und tiefer.
Jonas konnte Felder und dunkelgrüne Wälder sehen.
Schließlich zeigte seine Mama ihm die Landebahn. Es gab einen Ruck, als das Flugzeug den Boden berührte. Jonas spürte, wie es bremste. Er hielt sich gut fest. Immer langsamer rollte das Flugzeug über die Landebahn. Dann fuhr es in einem großen Bogen zum Flughafengebäude. Der Flughafen war viel größer als der in Italien. Hier gab es keine Treppe für die Fluggäste. Sie gingen einfach durch die Tür und dann durch einen Tunnel, der direkt in den Flughafen führte.

Sie liefen zur Gepäckausgabe, um ihre Koffer abzuholen. Es dauerte eine Weile, bis die ersten Gepäckstücke auf dem rollenden Band auftauchten. Papa entdeckte zuerst die Tasche und den kleineren Koffer. Aber wo war der große, grüne Koffer? Alle anderen Urlauber holten sich nacheinander ihr Gepäck vom Band. Schließlich war das Band leer. Nur Jonas und seine Eltern standen noch da. Sie warteten auf den großen Koffer. Jonas wollte es gar nicht glauben. Ausgerechnet in diesem Koffer waren die ganzen Muscheln drin, die er am Strand gefunden hatte!
„Bestimmt ist er irgendwo verloren gegangen!", sagte Mama. Plötzlich öffnete sich die Klappe, aus der die ganzen Gepäckstücke gekommen waren. Einsam und allein kam der große Koffer heraus. Und Jonas wäre vor Freude am liebsten an die Decke gesprungen. „Da haben wir aber noch mal Glück gehabt!", sagte Papa. Und als sie zu Hause waren, packte Jonas als Erstes seine Muscheln aus.

Warum kriegt Jonas am Flughafen einen Schreck?

Nachts im Zoo

Der Tag neigt sich dem Ende zu und draußen wird es dunkel. Die Zoobesucher gehen nach Hause. Die Zoowärter haben Dienstschluss. Nur noch ein Nachtwächter zieht seine Runden und passt auf. Manche Tiere schlafen schon: Die meisten Vögel haben ihre Köpfe unter die Flügel gesteckt. Einige piepsen leise im Traum. Erst morgen früh werden die ersten Sonnenstrahlen sie wieder aufwecken. Im Zoo kehrt Ruhe ein – denkst du vielleicht! Die Nachtigall, die ist gerade erst aufgewacht und singt ihr schönstes Lied. Sie gehört zu den Vögeln, die erst am Abend singen. Die Affen liegen eng aneinander gekuschelt im Affenhaus. Ein kleiner Affe schmiegt sich an seine Mama. Affenbabys nuckeln genau wie Menschenbabys am Daumen. Und auch dieser kleine Affe hat seinen Daumen im Mund, wenn er müde wird. Ein großer Affe ist aber noch ganz munter. Er turnt hoch in den Bäumen, schwingt sich von Ast zu Ast, wie der beste Artist der Welt. Jetzt macht er einen großen Satz in die Luft. Und dann hängt er kopfüber von einem Seil hinunter. Mit seinen Zehen hält er sich fest: Das können wir Menschen nicht! Der Elefant steht in seinem Stall und frisst noch ein paar Heuballen. Ein Elefant kann sehr viel fressen: Einen Heuballen, ein ganzes Brot und zwei Eimer Wasser sind nur ein kleiner Imbiss für ihn!

39

Bald wird er schlafen gehen. Dann legt er sich im Elefantenhaus auf sein Strohlager. Er macht seine Augen bis morgen früh zu. Die Fledermäuse sind gerade erst aufgestanden. Den ganzen Tag haben sie verschlafen.

Sie hängen kopfüber an den Ästen und lassen sich baumeln. Aber jetzt falten sie ihre großen Flügel auf und flattern ein paar Runden. Sie haben spitze Ohren und spitze Zähne. Aber sie tun keinem Menschen etwas zuleide. Die Eulen spannen ebenfalls erst am Abend die Flügel aus. Mit ihren großen Augen können sie sogar im Dunkeln alles gut erkennen. Wenn du eine Eule wärst, dann bräuchtest du am Abend niemals ein Licht, um dir Bilderbücher anzusehen. Das könntest du dann genauso gut im Dunkeln.

„Schuhu!", ruft die Eule und erhebt sich in die Luft. Tief unter sich sieht sie den schwarzen Panter. Er sieht aus wie ein riesengroßer schwarzer Kater. Der Panter ist auch noch nicht müde. Er reckt sich und leckt sein glänzendes Fell. Den ganzen Tag hat er sich nur ausgeruht.

Gemütlich lag er auf einem Baumstamm ausgestreckt. Er hat sich nur gerührt, wenn es unbedingt nötig war. Aber jetzt springt er hoch und will sich endlich bewegen. Blitzschnell rennt er durch sein Gehege. Der Panter springt mit einem Satz auf einen Baum.

Im Löwenkäfig ist das Löwenbaby wieder aufgewacht. Die Löwenmama leckt ihm mit ihrer großen, rauen Zunge über die Nase und die Ohren. Das ist ein Löwenkuss. „Schlaf schön ein!", soll das heißen. Aber das Baby hat noch gar keine Lust zu schlafen. Viel lieber möchte es mit den anderen Tieren die Nacht erkunden.

Was ist das für ein seltsames Geräusch? In der Ferne brummt ein Bär ganz tief. Er will endlich schlafen, aber die anderen Tiere machen einen solchen Krach, dass er immer wieder aufwacht.

Der Nachtwächter dreht seine Runde. Er sieht nach, ob es den Tieren gut geht. Er gähnt ein bisschen, weil er langsam müde wird. Aber der Wächter muss trotzdem die ganze Nacht wach bleiben. Wenn man müde ist, ist das ganz schön schwer. Was für ein Glück – wir dürfen schlafen! Darum deck dich gut zu, schlaf ein und träum was Schönes!

Wer dreht nachts im Zoo seine Runden?

Brontus, der frierende Eisbär

Bibber, bibber, war das wieder kalt heute! Der Eisbär Brontus fror ganz fürchterlich. Aber er versuchte, das Zittern zu verbergen. Sonst machten sich die anderen bloß wieder über ihn lustig. Das kannte Brontus schon.

Es war ja auch nicht normal für einen Eisbären, zu frieren. Schließlich müssten Eisbären eigentlich an Kälte gewöhnt sein und Brontus war es auch sehr peinlich, dass er trotzdem immer fror. Aber er konnte doch nichts dafür! Neidisch schielte er zu den Inuitkindern hinüber. Ja, die haben es gut, dachte der Eisbär. Die brauchen sich nicht zu schämen, wenn sie frieren. Die können sich dann schön dick einmummeln und gegen die Eiseskälte schützen. Nur ich kann das nicht. Das ist wirklich nicht fair.

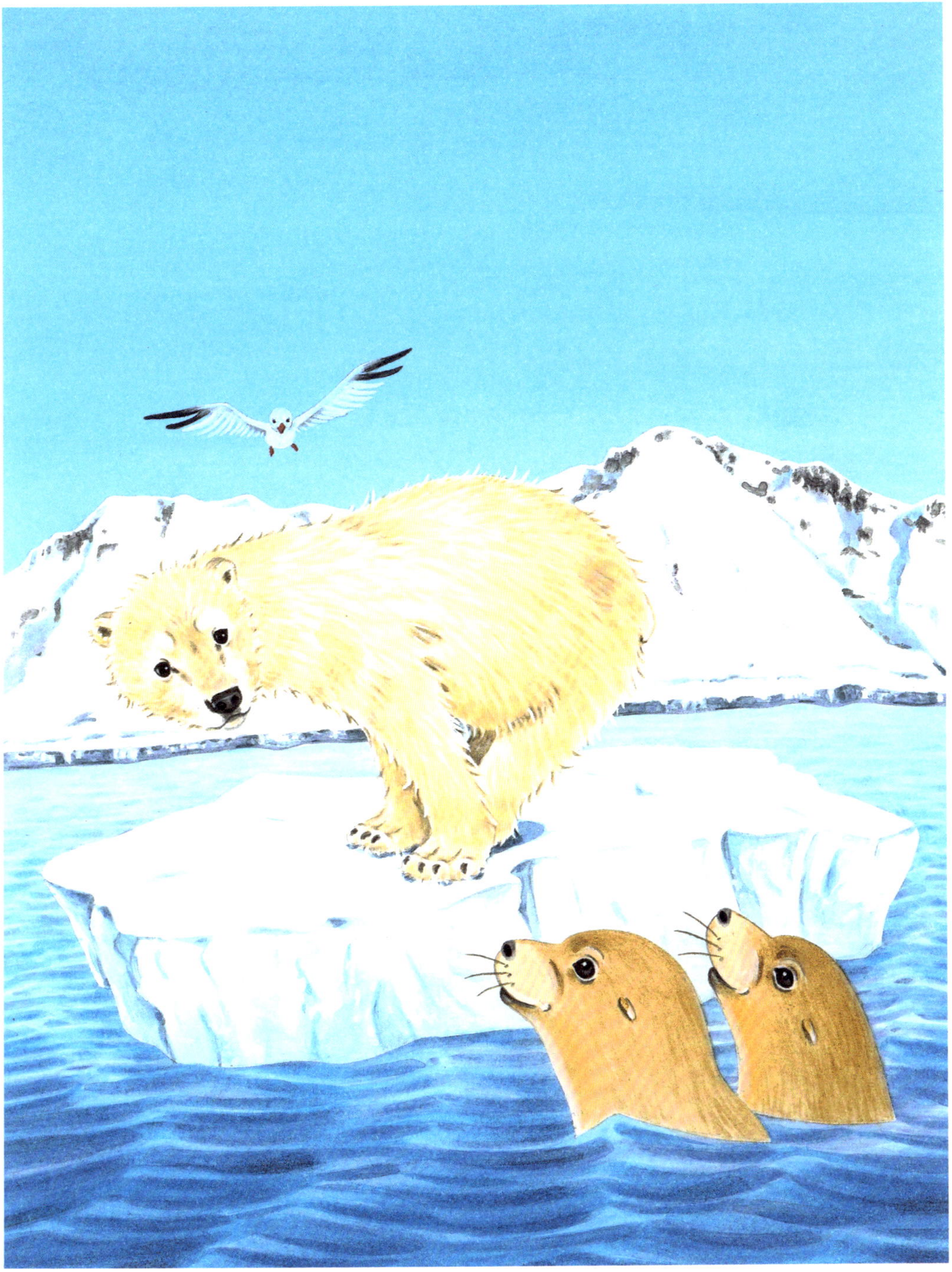

Diese Gedanken machten den Eisbären sehr traurig. Leise fing er an zu weinen. Da kam Pia Pinguin vorbei.

Sie sah den weinenden, zitternden Eisbären und fragte mitleidvoll: „Ist dir kalt? Du zitterst ja am ganzen Körper! Und warum weinst du?" – „Ach", schluchzte Brontus, „ich friere immer so doll. Aber die anderen Eisbären machen sich nur lustig über mich, weil ich doch ein Eisbär bin und eigentlich an Kälte gewöhnt sein müsste!" – „Das ist gemein", erwiderte Pia verständnisvoll. „Aber ich habe da eine Idee, wie ich dich vielleicht von dem blöden Frieren erlösen kann." – „Wirklich?", fragte der Eisbär und die Freude glänzte in seinen Augen. „Ja", antwortete das Pinguinmädchen. „Lass dich überraschen!" Und damit verschwand es.

Brontus wartete tagtäglich auf Pia, aber vergebens. Sie kam einfach nicht. Brontus hatte die Hoffnung schon fast aufgegeben. Er würde wohl weiter frieren müssen. Aber Pia hatte ihren Freund nicht vergessen, ganz im Gegenteil. Es dauerte einfach nur ein bisschen, bis ihre Überraschung fertig war. Am fünften Tag kam das Pinguinmädchen dann doch endlich. Und was hielt Pia da zwischen ihren Flügeln? Brontus traute seinen Augen kaum. „Was hast du denn da?", fragte er freudig. „Ich habe dir einen Schal, Ohrenwärmer und Pfotenwärmer gestrickt. Damit dir nicht mehr so kalt ist", erklärte Pia, legte dem Eisbären den Schal um den Hals und zog ihm die Wärmer an.

Und sogleich merkte Brontus, wie ihm langsam wärmer wurde. „Oh, das ist ja ganz wunderbar!", rief er glücklich aus. „Vielen Dank, liebe Pia!" Brontus strahlte über das ganze Gesicht. Und die anderen Eisbären lachten ihn nun nicht mehr aus, sondern guckten nur noch ganz neidisch.

Was tut Pia, damit Brontus nicht mehr friert?

Das neue Fahrrad

Lukas hatte schlecht geschlafen. Er war viel zu aufgeregt gewesen, weil er sich so auf seinen Geburtstag gefreut hatte. Heute wurde er fünf Jahre alt. Als die Mutter in sein Zimmer kam, um ihn zu wecken, war er längst wach. Er lief ins Badezimmer, wusch sich schnell das Gesicht und zog sich an. In der Küche saßen seine Eltern schon am gedeckten Frühstückstisch. „Herzlichen Glückwunsch zum Geburtstag!", riefen beide fast gleichzeitig.

Lukas entdeckte sofort das Geschenkpäckchen, das auf seinem Teller lag. „Darf ich es gleich auspacken?", fragte er. „Ja, natürlich", meinte sein Vater. Lukas wickelte das Geschenk aus und hielt eine Pappschachtel in der Hand. Neugierig nahm er den Deckel ab und fand in der Schachtel ein rotes T-Shirt, eine rote Radlerhose und rote Handschuhe mit abgeschnittenen Fingerspitzen. Das waren ja echte Radlerhandschuhe! „Toll!", rief er. „Das ist ja wirklich super! Jetzt können wir richtige Radtouren machen!" Doch dann fiel ihm sein altes, rostiges Kinderfahrrad mit den wackligen Stützrädern ein. Auf diesem Klappergestell brauchte er keine Radlerhandschuhe. Niedergeschlagen legte er seine Geschenke wieder in die Schachtel zurück und setzte sich an den Tisch. „Du freust dich aber nicht besonders", meinte sein Vater. „Doch, schon", sagte Lukas.

„Aber eigentlich hatte ich mir ja ein neues Fahrrad gewünscht. Ein richtiges Mountainbike." – „Jetzt frühstücke erst einmal. Der Tag hat ja gerade erst angefangen", sagte seine Mutter. Nach dem Frühstück brachte sie Lukas in den Kindergarten und am Nachmittag kamen alle seine Freundinnen und Freunde, um seinen Geburtstag zu feiern. Sie tobten im Garten herum und aßen Kuchen und Eis. Lukas hatte die Geschenke seiner Eltern inzwischen ganz vergessen.

Plötzlich hörte er eine Fahrradhupe draußen auf dem Gehsteig. Es hupte fünfmal. Dann war Ruhe. „Wer ist das?", fragte eines der anderen Kinder, die fast alle in der Nachbarschaft wohnten. „Weiß ich nicht. Diese Hupe habe ich noch nie gehört", sagte Lukas.

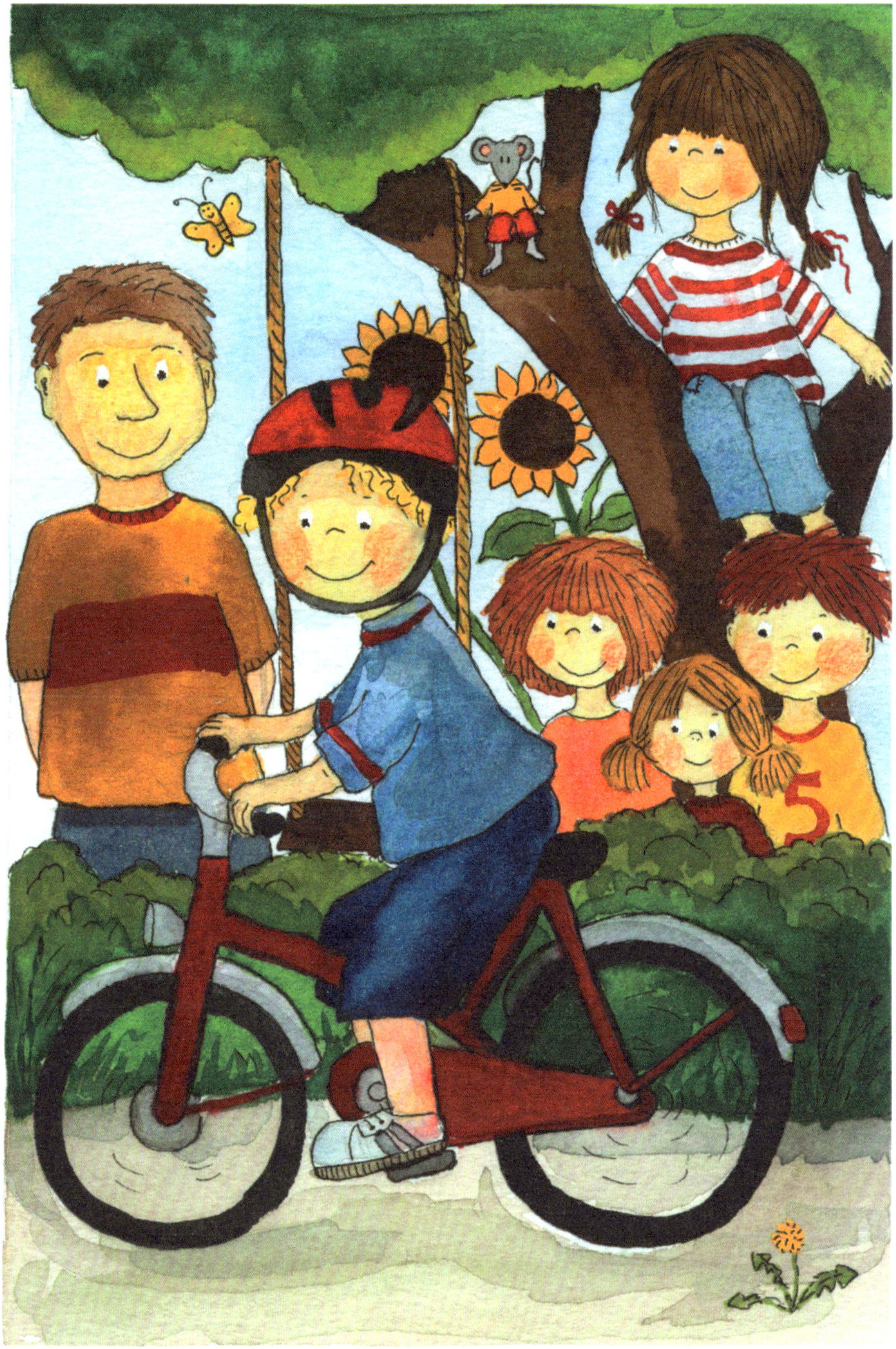
5

Neugierig lief er mit seinen Freunden zum Gartentor und ging hinaus auf den Gehsteig. Dort stand einsam und verlassen ein funkelnagelneues, feuerrotes Fahrrad. Es hatte breite Reifen, eine Gangschaltung und eine große silberne Gummihupe. Lukas drückte den Gummiball zusammen. Ein lautes Hupen ertönte.

Aber wer hatte da vorhin gehupt? Und wer ließ ein nagelneues Fahrrad einfach auf dem Gehsteig stehen? Etwas ratlos wollte Lukas gerade zurückgehen, als plötzlich sein Vater aus dem Garten kam. „Nochmals herzlichen Glückwunsch und alles Gute zum Geburtstag! Na, wie gefällt dir nun dein Geschenk?" Lukas brachte zunächst keinen Ton heraus. Er war völlig überrascht. Sein Geschenk? Er drehte den Kopf, schaute das Fahrrad an und dann wieder seinen Vater. „Soll das heißen, das ist meins?", fragte er schließlich. Sein Vater nickte und lachte. Dann sagte er: „Wir konnten das Rad heute Morgen ja nicht auf den Frühstückstisch stellen, oder? Das ist ja viel zu groß!"
Als Lukas sich das vorstellte, musste er auch lachen. Und dann rannte er wie der Blitz ins Haus, um seine neuen Radlersachen und die Handschuhe anzuziehen.

Welche Dinge bekommt Lukas zum Geburtstag?

Twiggy will fliegen

Ich möchte so gern fliegen können, dachte das Küken Twiggy traurig. Ja, fliegen, davon träumte das kleine Küken schon sehr lange. Aber bisher hatte es nie geklappt.
Alle Versuche hatten mit einer unsanften Bruchlandung geendet. „Heute muss es aber klappen", sagte sich das Küken. „Ich habe auch schon eine Idee." Und schon zog es los zum Schlafplatz seiner Mutter.
Fleißig fing Twiggy an, Federn aufzusammeln. Doch die genügten dem Küken noch nicht. „Ich brauche größere Federn", überlegte es und wanderte hinüber zum See.

Dort wohnte der Schwan Susa. Susa hatte noch viel größere und schönere Federn als Twiggys Mutter. Und die Federn lagen überall auf dem Boden verteilt, weil sich Susa zurzeit mauserte. Glücklich begann das Küken, diese Federn aufzusammeln.

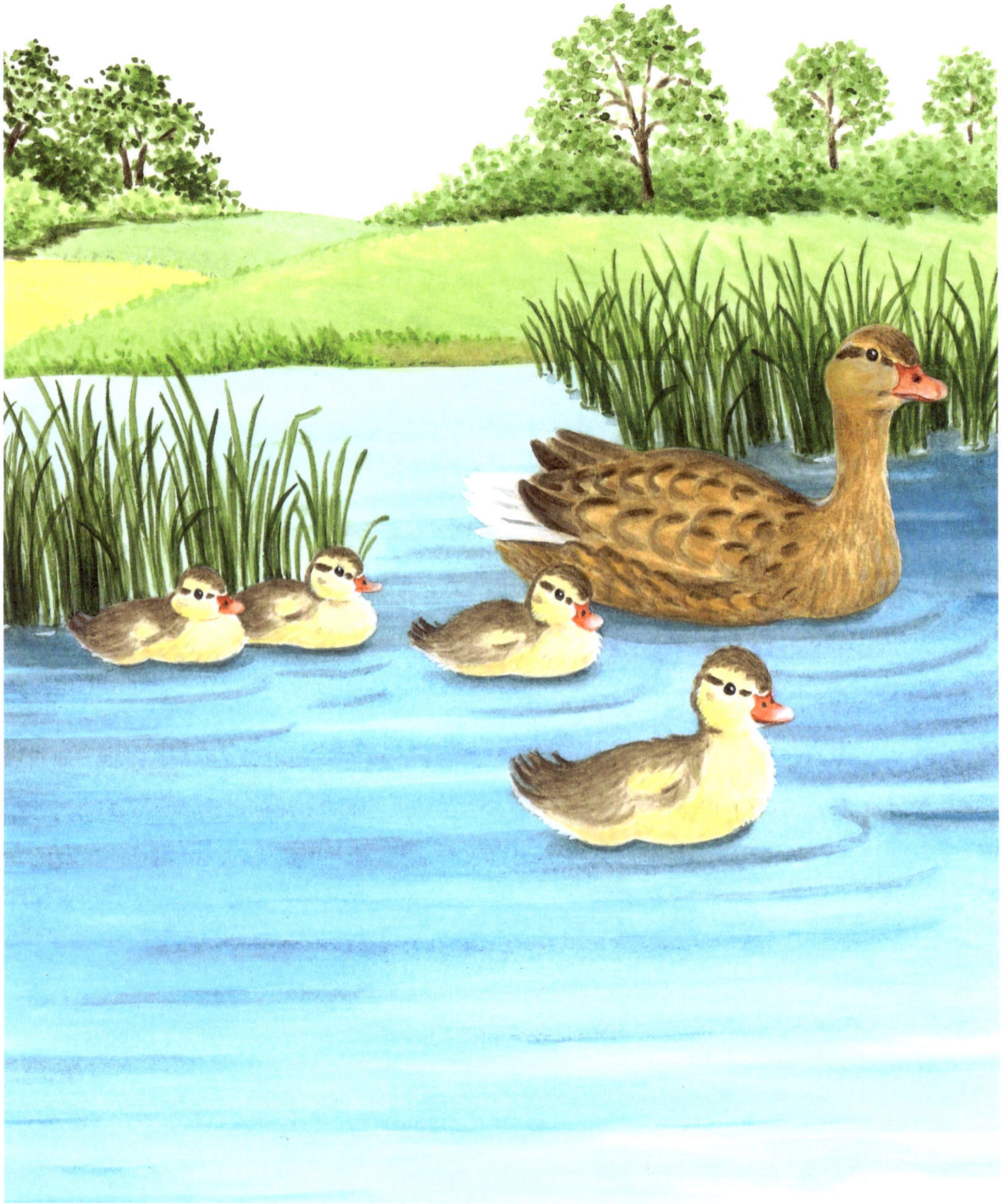

So, jetzt habe ich viele große Federn, dachte Twiggy. Die klebe ich mir einfach an, dann kann ich bestimmt fliegen. Susa kann es schließlich auch! Und schon klebte sich das Küken die gesammelten Federn auf seine Flügel.
Das sah vielleicht lustig aus! Überzeugt, dass es jetzt klappen würde, kletterte das Küken auf den größten Heuberg des ganzen Bauernhofes.

„So, jetzt fliege ich los!", freute sich Twiggy, sprang und landete mit einem unsanften Aufprall auf dem Boden.

„Au!", weinte das Küken, mehr vor Enttäuschung als vor Schmerz. „Ich kann immer noch nicht fliegen. Egal was ich mache, es funktioniert einfach nicht! Ich werde bestimmt nie fliegen können!"

„Aber, aber", sprach Twiggys Mama, die gerade vorbeikam. „Warum weinst du denn, mein Schatz?" – „Ich möchte so gern fliegen, aber ich kann es einfach nicht", schluchzte das Küken verzweifelt. „Beruhige dich, mein Liebes."
Als Twiggy später zu Hause im Bettchen lag, tröstete ihre Mama sie. „Natürlich kannst du fliegen. Aber das braucht alles seine Zeit. Als ich so klein war wie du, da konnte ich auch noch nicht richtig fliegen. Ich musste es erst lernen. Du darfst nicht ungeduldig werden. Du wirst sehen, wenn du größer bist, wirst auch du fliegen können. Warte nur ab!" – „Wirklich?", fragte das kleine Küken, das bereits aufgehört hatte zu weinen, hoffnungsvoll. „Ja, vertrau mir", sprach seine Mutter ihm beruhigend zu.

„Aber jetzt wird es Zeit zu schlafen." Und ohne Widerrede kuschelte sich Twiggy ins Bett und träumte die ganze Nacht vom Fliegen.

Wie versucht Twiggy zu fliegen?

Woher die Träume kommen

Jeden Abend macht sich der Sandmann auf die Reise. Er füllt seinen Sack mit Schlafsand. Wenn er ein Kind damit bestreut, wird es sofort müde und schläft ganz schnell ein. Der Sandmann sieht in seinem dicken Buch nach, wann du ins Bett gebracht wirst. Und dann steigt er auf eine Reisewolke. Damit können Sandmänner fliegen!

Und schon saust er auf der Wolke los. Heimlich, still und leise schwebt er heran. Und ohne dass du es merkst, streut er etwas Schlafsand in dein Zimmer. Dann wartet er noch ein bisschen vor deinem Fenster, bis du eingeschlafen bist und schickt dir einen schönen Traum. Wie er das macht? Ganz einfach: Er hat einen kleinen Kasten mit Traumsternen dabei. Wenn er ihn öffnet, schwebt sofort ein wunderschöner kleiner Traumstern hervor. Der quetscht sich dann vorsichtig durchs Fenster, schwebt zu deinem Bett hinüber und flüstert dir ganz leise deinen Traum ins Ohr. Dann lächelt der Sandmann vor dem Fenster. Und wenn er sieht, dass alles gut ist und du schön träumst, fliegt er ganz leise weiter zum nächsten Kind, das müde ist.

Wie schickt dir der Sandmann schöne Träume?

Ein neuer Freund

„Fanny", sagte die Elefantenmutter zu ihrem Elefantenkind, „ich bin gleich wieder da. Ich will uns nur schnell etwas zu essen besorgen. Kannst du auch ganz bestimmt alleine bleiben?" – „Klar, Mami, ich bleibe hier und spiele was", sagte Fanny, die gar keine Lust hatte, ihre Mutter zu begleiten.
„Du musst mir aber versprechen, dass du schön zu Hause bleibst." – „Ja, jetzt mach dir keine Sorgen. Ich bin doch schon groß und kann selbst auf mich aufpassen." Das überzeugte die Elefantenmutter und sie machte sich auf den Weg.
Fanny ging derweil in den Schatten und machte es sich auf dem Boden bequem. Ach, was ist das schön, so faul zu sein, dachte sie. Dann drehte sie sich auf den Rücken und legte das rechte Bein über das linke. Irgendwie ist das ungemütlich, dachte Fanny und legte nun das linke über das rechte Bein. Auch ungemütlich. Außerdem ist es hier viel zu langweilig. Fanny wollte viel lieber die Gegend erkunden, nur für kurze Zeit, da würde Mama sicher nichts dagegen haben.

Fanny stolzierte also herum und blickte neugierig umher. Immer weiter entfernte sie sich von ihrem Zuhause. Als sie den See erblickte, war Fanny nicht mehr zu halten. „Oh, wie schön!", jauchzte sie. Sie stapfte mit den Füßen im See herum, nahm mit dem Rüssel eine riesige Menge Wasser auf und verspritzte es dann in einem dicken Schwall über ihrem Rücken. Fanny fühlte sich so richtig wohl.

Gar nicht wohl fühlte sich allerdings Pepe, der Papagei. Pepe wurde nämlich ganz empfindlich in seiner Mittagsruhe gestört.

Fanny hatte ihn aus seinem schönsten Papageientraum geweckt.
„Hau ab!", rief Pepe. „Du hast hier nichts zu suchen."
„Was ist denn los?", wunderte sich Fanny. „Wer redet denn da mit mir?" – „Ich", krächzte der Papagei und flatterte aus seinem Versteck hervor. „Mach, dass du nach Hause kommst, ich will meine Ruhe!" – „Aber ich stör dich doch gar nicht." – „Doch, du bist zu laut." Pepe schimpfte so sehr mit Fanny, dass ihr die Lust am Baden verging. Also nahm sie sich vor, den Papagei nicht weiter zu beachten und nach Hause zu trotten.
Aber – oh Schreck, in welche Richtung musste sie gehen? Fanny schaute nach links und nach rechts. Wohin sollte sie laufen? Verzweifelt drehte sich das Elefantenkind im Kreis. Aber zum Glück hatte der Papagei sie beobachtet und flog herbei. „Ich kann dir einen guten Tipp geben, wie du den Weg zurück findest."

„Oh ja, bitte", flehte Fanny, „sonst macht sich meine Mama große Sorgen." – „Pass auf", sagte der Papagei und flatterte auf den Boden. „Siehst du die Abdrücke hier?
Die stammen von deinen Füßen. Folge einfach deiner Spur und du findest den Weg zurück." – „Oh wirklich, hier sind meine Spuren!" Fanny bedankte sich erleichtert. „Jetzt schaffe ich es bestimmt!" Doch um sicherzugehen, dass Fanny auch wirklich zu Hause ankam, begleitete Pepe sie. Und so hatte Fanny nicht nur den Weg zurück, sondern auch einen neuen Freund gefunden.

Wie findet Fanny einen neuen Freund?

Die Schatztruhe

In diesem Jahr war Thorsten mit seinen Eltern an die Nordsee in den Urlaub gefahren. Das Hotel lag direkt am Strand und ganz in der Nähe stand ein Leuchtturm. Gleich am ersten Urlaubstag machte die Familie eine Strandwanderung. Barfuß liefen sie am Meer entlang. Sie sammelten Muscheln und beobachteten, wie die Krabben durch das flache Wasser liefen. Thorsten fand es merkwürdig, wie sie seitwärts gingen. Doch sein Vater erklärte ihm, dass das ganz normal sei. Als sie den Leuchtturm erreichten, entdeckten sie den Leuchtturmwärter, der ganz oben gerade aus dem Fenster schaute. Thorsten winkte. Aber der Wärter sah ihn offenbar nicht und winkte auch nicht zurück.

Schon nach ein paar Tagen wurde es Thorsten langweilig. Es war immer das Gleiche. Nach dem Frühstück ging er mit seinen Eltern an den Strand. Während sie in der Sonne lagen, baute er Sandburgen und sammelte Muscheln. Ins Wasser durfte er nicht, weil er ja mit seinen fünf Jahren noch nicht schwimmen konnte.

Im Strandkorb nebenan lag jeden Tag ein älterer Mann. Er kam morgens mit seinem Spazierstock. Er legte sich eine Weile in die Sonne und machte dann eine Wanderung am Strand entlang. Thorsten wäre zu gerne noch einmal zum Leuchtturm gegangen, aber seine Eltern hatten dazu leider keine Lust mehr. So fragte er am fünften Urlaubstag, ob er alleine dorthin dürfte. „Auf keinen Fall!", antwortete seine Mutter. „Das ist viel zu weit!" – „Entschuldigen Sie", sagte da plötzlich der alte Mann von nebenan. „Mein Name ist Rückel. Ulrich Rückel. Ich wollte sowieso einmal zum Leuchtturm laufen. Wenn Sie es erlauben, nehme ich Ihren Sohn gerne mit."

So kam es, dass Thorsten mit Herrn Rückel am Strand entlanglief. Da der Mann mit seinem Stock nur langsam vorwärtskam, konnte Thorsten immer wieder in den Dünen verschwinden und dort herumtollen. Kurz bevor sie den Leuchtturm erreichten, fand Thorsten einen Spaten im Sand. Er war ziemlich verrostet, aber noch gut zu gebrauchen. Thorsten fing an zu schaufeln, als der Spaten plötzlich auf etwas Hartes stieß. Er dachte zuerst, es sei ein Stein. Doch als er weitergegraben hatte, sah er den Deckel einer hölzernen Truhe. Ein Schatz!

65

Hastig schaufelte er den Sand weg, bis die Truhe freilag. Dann versuchte er, sie zu öffnen. Doch es ging nicht. Ein altes, rostiges Schloss sperrte den Deckel ab. Thorsten nahm den Spaten und schlug so lange gegen das Schloss bis es zerbrach. Vorsichtig hob er den Deckel. Bestimmt lag ein großer Schatz in der Truhe. Doch was war das? Er sah nur ein paar Bücher mit zerfransten Seiten und verschimmeltem Einband.

„Thorsten! Thorsten! Wo bist du?" Herr Rückel suchte ihn. Thorsten kletterte die Düne hoch und winkte ihm zu.

„Kommen Sie! Ich habe etwas gefunden!", schrie er und wartete, bis der alte Mann mit seinem Stock auf der Düne stand. „Da, die Truhe dort!", sagte er. Herr Rückel ging zu der Schatztruhe und sah hinein. Dann nahm er eines der Bücher heraus und fing an, darin herumzublättern. „Das ist unglaublich! Das sind alte Tagebücher! Vermutlich von irgendwelchen Piraten!" Thorsten wollte es zuerst gar nicht glauben. Er konnte ja noch nicht lesen. Aber Herr Rückel war inzwischen sehr aufgeregt. „Piratentagebücher! Ausgerechnet hier am Leuchtturm!", rief er immer wieder. Und zwei Stunden später war Thorsten der Held des Tages, nachdem die Schatztruhe ins Hotel gebracht worden war und alle Gäste seinen Fund bestaunt hatten.

Was ist in der Schatztruhe, die Thorsten im Sand findet?

Auf dem Dachboden

An einem grauen Regensonntag sagte Luisa: „Heute spielen wir mal auf dem Dachboden." Die kleine Laura fürchtete sich eigentlich vor dem düsteren Dachboden. Bestimmt wohnten dort Mäuse. Aber als ihre älteren Geschwister am Nachmittag die Treppe hochstiegen, ging sie mit.

Es war die reinste Rumpelkammer. Alles, was irgendwann nicht mehr gebraucht wurde, wanderte auf den Dachboden: Bilder, ein altes Radio, Blumenvasen, Töpfe und vieles mehr. Luisa öffnete einen Kleiderschrank und meinte: „Was für eine Fundgrube!" Sie fing an alte Kleidungsstücke herauszulegen. Plötzlich griff Lukas nach einem altmodischen Damenhut und setzte ihn auf. Laura musste lachen, als sie das sah. Nun schlüpfte Lukas auch noch in ein Nachthemd. Auch Luisa lachte jetzt aus vollem Halse mit. Sie nahm ein buntes Kleid und zog es an.

Laura wühlte in einer Truhe voller Strümpfe, Schals und Halstüchern. Alle drei lachten um die Wette und zogen immer wieder andere Sachen an, bis es draußen allmählich dunkel wurde. „Morgen spielen wir wieder hier.", sagte Luisa. „Und ich möchte wieder dabei sein!", rief Laura, bevor sie den Dachboden verließen.

Was machen Laura und ihre Geschwister auf dem Dachboden?

Klaus, der Hase

Ein kleiner Hase namens Klaus,
der liebte es, zu rennen.
Er hopste, tollte durch das Haus –
ihr werdet das ja kennen.
Saß niemals fünf Minuten still,
das konnte er nicht leiden.
Genau wie seine Schwester Lill,
das war was mit den beiden!

Sie rannten mal fünf Stunden lang
und jagten ihre Schwänze.
Dann sausten sie auf einen Hang
und übten wilde Tänze.
Doch endlich war es nun genug:
Sie flitzten schnell zur Truhe
holten sich einen Bettbezug
und gaben erst mal Ruhe.

Der kleine Hasenjunge Klaus,
der reckte seine Pfoten
und Schwester Lill streckte sich aus
und rollte sich zum Knoten.
Dann machten sie die Augen zu
und fingen an zu träumen.
Und endlich schlafen sie in Ruh,
weil sie ja nichts versäumen.

Was kann der Hase Klaus nicht leiden?

Mimi in der Stadt

Mimi, die kleine Hexe, wohnte in ihrem kleinen Hexenhaus mitten im finsteren Wald. Eines Abends, als die Sonne langsam unterging, beschloss sie, in die Stadt zu fliegen. Sie schnappte sich ihren Hexenbesen, steckte sich Lolle, ihre kleine Maus, in die Manteltasche und flog so schnell in Richtung Stadt, dass ihre lange Zipfelmütze im Wind flatterte. Als sie in der Stadt war, kurvte sie zwischen den Hausdächern herum, um vielleicht einen Blick durch die Fenster werfen zu können.

Plötzlich entdeckte sie einige Katzen, die auf den Dächern und Schornsteinen saßen. Außerdem kamen Fledermäuse angeflogen. Ein blauer Nachtfalter flog neben ihr. Und sogar ein Uhu hockte auf einem Dachfirst, um Mimi neugierig zu beobachten.

Sie winkte den Tieren fröhlich zu. Sie zeigte ihnen ihre Kunststücke, die sie draußen im Wald geübt hatte. Mimi flog freihändig auf ihrem Besen. Dafür erhielt sie begeisterten Beifall der Katzen, die noch nie so etwas Lustiges gesehen hatten. Glücklich kehrte Mimi in der Nacht wieder zurück in den Wald. Sie freute sich, dass sie so viele neue Freunde gefunden hatte.

Wen trifft Mimi in der Stadt?

Der kleine Käfer

Auf der grünen Wiese ist es im Sommer besonders schön. Die Blumen duften. Die Grillen zirpen. Rehe, Hasen und Mäuse laufen durch das Gras. Über der Wiese fliegen bunte Schmetterlinge. Hier lebt auch der kleine Käfer mit seiner Käferfamilie. Sie krabbeln die Grashalme rauf und runter. Der kleine Käfer liebt es, mit den Blättern der Pflanzen zu spielen. Er rollt sich in den Blättern ein. Er wippt oder schaukelt auf ihnen. Und manchmal rutscht er auch auf einem Wassertropfen ein Blatt hinunter. Doch plötzlich fällt der kleine Käfer mit der Nase auf den Boden.

„Aua! Das hat aber wehgetan", sagt er und reibt sich seine kleine Nase. Dann blickt er nach oben, er schaut nach links und rechts. Wo sind die anderen Käfer hin?

Er ruft ihre Namen. Doch keiner antwortet ihm. Er läuft in alle Richtungen. Aber er findet sie nicht. Sie sind schon weitergezogen. Nun ist der kleine Käfer ganz allein. „Wie kann ich meine Familie bloß wiederfinden?", schluchzt er.
Da hört er ein lautes Flattern. Ein Schmetterling mit leuchtend gelben Flügeln landet neben ihm. Der Schmetterling sieht den Käfer an und sagt: „Du siehst aber traurig aus, kleiner Käfer. Kann ich dir helfen?"

Der kleine Käfer erzählt, was geschehen ist. „Auf dem Weg habe ich eine Käferfamilie gesehen", sagt der Schmetterling. „Das könnte deine Familie gewesen sein. Komm, steig auf meinen Rücken. Wir fliegen gleich los!" Flink krabbelt der kleine Käfer auf den Rücken des Schmetterlings. An den gelben Flügeln hält er sich fest.

Und los geht es! Sie fliegen hoch über der Wiese. Weiter vorne sehen sie die Käferfamilie auf den Grashalmen krabbeln. Der Schmetterling landet sanft neben den anderen Käfern. Die Käferfamilie kann es nicht glauben.

Was ist das für eine Freude! Jubelnd empfangen die Käfer ihren kleinen Sohn. Schließlich haben sie sich Sorgen gemacht. Sie bedanken sich bei dem Schmetterling. Dann breitet er seine gelben Flügel aus und flattert davon. Überglücklich winken die Käfer dem Schmetterling nach.

Wie hilft der Schmetterling dem kleinen Käfer?

Drachenfräulein Adelheid

Die kleine Prinzessin Wunderschön lebte im Schloss der hundert Türme. Ihr Vater war Boromir der Vierte und König von Siebenland. Prinzessin Wunderschön hatte keine Geschwister. Sie musste immer alleine spielen und durfte das Schloss nicht verlassen, weil in den Wäldern ringsum allerlei finstere Gestalten hausten.

Eines Tages wurde es ihr zu dumm. Als die Wachen einen Moment nicht aufpassten, huschte sie durch das Tor und rannte in den Wald. Zuerst hatte sie ein bisschen Angst. Aber da weit und breit kein Mensch zu sehen war, ging sie immer mutiger tief in den Wald hinein. Sie sah Einhörner, seltsame Höckertiere und viele andere Lebewesen, die sie nur aus Bilderbüchern kannte. Bald aber wusste Prinzessin Wunderschön nicht mehr, wo sie war. Alle Bäume sahen gleich aus.

König Boromir hatte inzwischen entdeckt, dass seine Tochter verschwunden war. Er ließ das ganze Schloss durchsuchen, aber ohne Erfolg.

Schließlich rief er das Drachenfräulein Adelheid zu sich. „Du musst die Prinzessin finden!", befahl er. Adelheid war das einzige Drachenfräulein in Siebenland. Der König hatte sie vor vielen Jahren im Kampf besiegt und mit auf das Schloss gebracht.

Da Boromir sie gut behandelt hatte, war sie schnell zahm geworden und tat niemandem etwas zuleide. Als Adelheid vom Verschwinden der Prinzessin hörte, erschrak sie.
„Ich fliege gleich los! Und ich komme erst zurück, wenn ich die Prinzessin gefunden habe!", versprach sie. Rasch lief das Drachenfräulein hinaus und schwang sich flügelschlagend in die Luft. Wo mochte die kleine Prinzessin nur sein? Drachenfräulein Adelheid flog erst über die grünen Wiesen und Felder – vielleicht spielte die Prinzessin hier mit ihren Freunden. Doch Adelheid sah nur eine Vogelscheuche, Hasen und Mäuse. Also flog sie an die Küste und schaute, ob die Prinzessin auf einem Fels säße und angelte. Aber nur ein paar Möwen kreisten über dem Meer und schnappten nach Fischen. Sogar bis in die Berge flog das Drachenfräulein. Sie fragte die Ziegen nach der Prinzessin, aber keine hatte sie gesehen.

Prinzessin Wunderschön saß niedergeschlagen auf einem Baumstumpf. Die Beine taten ihr weh und sie wünschte, sie wäre nicht davongelaufen. Wenn sie doch nur wieder im Schloss wäre! Plötzlich hörte sie, wie jemand ihren Namen rief. Die Stimme kam von oben aus der Luft und klang ziemlich krächzend. „Prinzessin Wunderschön! Wo bist du? Hörst du mich?" Rasch lief die Prinzessin zu einer Lichtung und spähte nach oben. „Hier bin ich!", schrie sie, so laut sie konnte. Dann entdeckte sie am Himmel etwas, was aussah wie ein riesiger grüner Vogel. Es kam schnell näher. Das war doch Adelheid, das Drachenfräulein! Die Prinzessin winkte aufgeregt mit beiden Armen, bis der Drache mit einem gewaltigen Plumps neben ihr landete. Adelheid hatte sie gefunden. „Steig auf meinen Rücken, Prinzessin Wunderschön! Der König macht sich bereits große Sorgen!" Sie legte sich flach auf den Boden und die Prinzessin kletterte auf ihren Rücken. „Festhalten!", rief Adelheid, und schon ging es los. Es war Nacht, als die beiden endlich das Schloss sahen. Das Drachenfräulein flatterte über die Mauern und landete mitten im großen Schlosshof. Dort erwartete König Boromir die beiden schon. Er hatte die Prinzessin eigentlich tüchtig ausschimpfen wollen, weil sie weggelaufen war. Aber nun war er so glücklich, dass er überhaupt nicht mehr daran dachte. Und am selben Abend bekam Adelheid zur Belohnung den Orden von Siebenland.

Wo verläuft sich Prinzessin Wunderschön?

Nachts im Kinderzimmer

Wusstest du, dass die Spielsachen alle darauf warten, dass du einschläfst? Wenn du schläfst, wachen sie auf. Der Bär reckt sich und streckt sich, reibt sich seine Augen und gähnt.

Die Puppe wacht auf und setzt sich hin, und die Autos fangen an, von ganz alleine hin und her zu fahren.

Dann steht der Bär auf und schleicht sich ganz leise zu deinem Bett. Er sieht nach, ob du auch wirklich schläfst. Er klettert aufs Bett hoch und kriecht ganz vorsichtig bis zu deinem Kopf hinauf. Und dann sieht er in dein Gesicht und prüft, ob deine Augen auch zu sind.

Und wenn du schläfst, gibt er dir ganz vorsichtig einen feuchten Bärenkuss, denn er hat dich ja lieb.

81

Und er flüstert dir zu: „Schlaf schön und träum was Schönes."
Er winkt den anderen Spielsachen zu und sie fangen an, miteinander zu spielen. Die Puppen tanzen und die Autos fahren herum. Die Bauklötze bauen ganz alleine hohe Türme und die Stofftiere werfen sie wieder um. Dann flüstert der Bär: „Pst! Leise sein. Das Kind schläft doch. Weckt es nicht auf!" Dann spielen alle Spielsachen wieder ruhig und vorsichtig weiter. Eines deiner Spielzeuge passt immer auf: mal dein Teddybär, mal deine anderen Stofftiere.

Und wenn du am nächsten Morgen anfängst, dich zu rühren, sausen alle Spielsachen ganz schnell und heimlich wieder auf ihren Platz zurück. Sie sitzen und liegen den ganzen Tag über still. Darum kuschle dich jetzt brav ins Bett, mach die Augen zu, schlaf ein und träume etwas ganz Schönes.

Was geschieht nachts mit den Spielsachen?

Wurzel, der Wichteldoktor

In manchen Wäldern kann man Wichtel finden. Sie leben tief im Wald und sind sehr scheu. Und sie können sich gut verstecken. Vor Menschen laufen sie weg. Deshalb sieht man sie auch so selten. Oder hast du vielleicht schon mal einen Wichtel gesehen?

Wichtel verstehen die Sprache der Tiere. Viele von ihnen sind Doktoren. Sie heilen Tiere und Pflanzen. Wurzel war auch so ein Doktor. Er lebte tief im Wald. Sein Haus war im Stamm eines alten Baumes versteckt. Hier lebte er mit seiner Hausschnecke Hilda. Für Wichtel sind Schnecken so, wie Hunde für uns Menschen. Mit ihnen kann man gut spielen und sie begleiten Wichtel überallhin.

Die Schnecke Hilda war fast so groß wie Wurzel selbst und natürlich ziemlich langsam. Aber sie war kräftiger als er und konnte viel tragen.

Jeden Sommer musste Wurzel mit seiner Schubkarre losgehen, um Vorräte für den Winter zu sammeln. Im Winter wächst ja nur ganz wenig, was man essen kann. Wichtel sammeln deshalb alles, was sie gut aufheben können. Wurzel sammelte Nüsse, Bucheckern und Samen ein. Er grub nach wilden Möhren und anderen essbaren Wurzeln im Wald. Er suchte sich Beeren und Kräuter, die man trocknen konnte.

Jeden Tag machte Wurzel seine Runde bei allen kranken Tieren. Er besuchte den Fuchs und machte ihm einen neuen Umschlag um seinen kranken Fuß. Er besuchte die Haselmaus, die hatte sich erkältet und Wurzel gab ihr Hustensaft. Er besuchte die alte Eule. Sie hatte Halsweh. Wurzel gab ihr einen warmen Schal und einen Saft zum Gurgeln. Und er musste noch zur Blumenelfe Lila, die hatte sich nämlich einen Flügel eingeklemmt und brauchte eine Flügelsalbe. Ihr merkt schon, Wurzel hatte ziemlich viel zu tun und auch zu tragen. Und deshalb half ihm seine Schnecke Hilda. Sie begleitete ihn auf allen seinen Wegen. Als er die Blumenelfe Lila verarztet hatte, lud sie Wurzel und Hilda auf eine Tasse Tee ein. Gemeinsam saßen die drei auf der Bank vor dem Feenhaus. „Hast du denn schon genug Vorräte für den Winter zusammen?",
fragte Lila. Da seufzte der Wichtel: „Nein, leider noch nicht. Mir fehlt noch viel." – „Oh, dann habe ich einen guten Tipp für dich", antwortete Lila: „Gar nicht weit von hier steht mitten im Wald ein großer Apfelbaum. Seine Äpfel sind reif, hol dir doch einen!"

Dem Wichtel lief das Wasser im Mund zusammen. Äpfel waren seine Lieblingsspeise. Lila führte Wurzel und Hilda gleich zu dem Apfelbaum. Sie pflückten einen großen Apfel. Er passte gerade so in Wurzels Schubkarre, so riesig war er. Mit diesem Apfel würden sie über den Winter kommen. Und was Wurzel alles daraus machen konnte! Apfelmus, Apfelpfannkuchen, Apfelsaft … Sie waren noch nicht weit gekommen, da hörte Wurzel ein leises Weinen. Am Weg hockte ein kleines Eichhörnchen. „Warum weinst du?", fragte Wurzel. „Ich hab solch einen Hunger", sagte das Eichhörnchen. Und weil Wurzel so ein netter Wichtel war, gab er ihm etwas von seinem Apfel. Gerade wollten Wurzel und Hilda weitergehen, da hörten sie noch jemanden weinen! Ein Häschen saß schluchzend unter einem Baum. Wurzel fragte: „Magst du ein Stück Apfel?"
Und so ging es ständig weiter: Überall waren hungrige Tiere. Und Wurzel gab allen etwas ab, bis er am Ende selbst gar nichts mehr übrig behielt. Ohne Vorrat für den Winter waren sie heute zu Hause angekommen. Sie schauten sich traurig an. Plötzlich klopfte es an der Tür. Draußen standen Lila und die Tiere, denen Wurzel heute geholfen hatte.
Sie brachten einen großen, roten Apfel. „Wir dachten uns, du könntest auch mal Hilfe brauchen!", sagten sie. Hilda und Wurzel schauten sich glücklich an und brachten den Apfel gleich in ihr Vorratslager.

Wie hilft die Schnecke Hilda dem Wichtel?

Die Kinderzimmerpiraten

Heute ist ein ganz besonders langweiliger Tag. Draußen regnet es. Leonie ist froh, als am Nachmittag ihre Freundin Nadine zum Spielen kommt. Die beiden Mädchen sitzen in Leonies Zimmer und überlegen, was sie machen sollen.
Plötzlich stürmt Leonies Bruder Kai herein. Kai ist sieben Jahre alt und geht schon zur Schule. „Seht mal, was ich gefunden habe!", ruft er und schwingt einen langen Gummisäbel. Er zieht eine Augenklappe aus der Tasche und bindet sie sich um. „Ich bin Johnny, der einäugige Pirat!" Die beiden Mädchen lachen. „Wo hast du den denn her?", fragt Leonie. „Oben auf dem Dachboden gefunden. In dem alten Schrank. Dort sind alle Fasnachtskostüme drin. Und die Sommersachen", erklärt Kai. Er nimmt die beiden Mädchen mit nach oben. Kurz darauf kommen sie schwer bepackt zurück. Leonie hat ein Prinzessinnenkleid mitgebracht. Nadine hat eine Taucherbrille, Flossen und ein buntes Kopftuch.

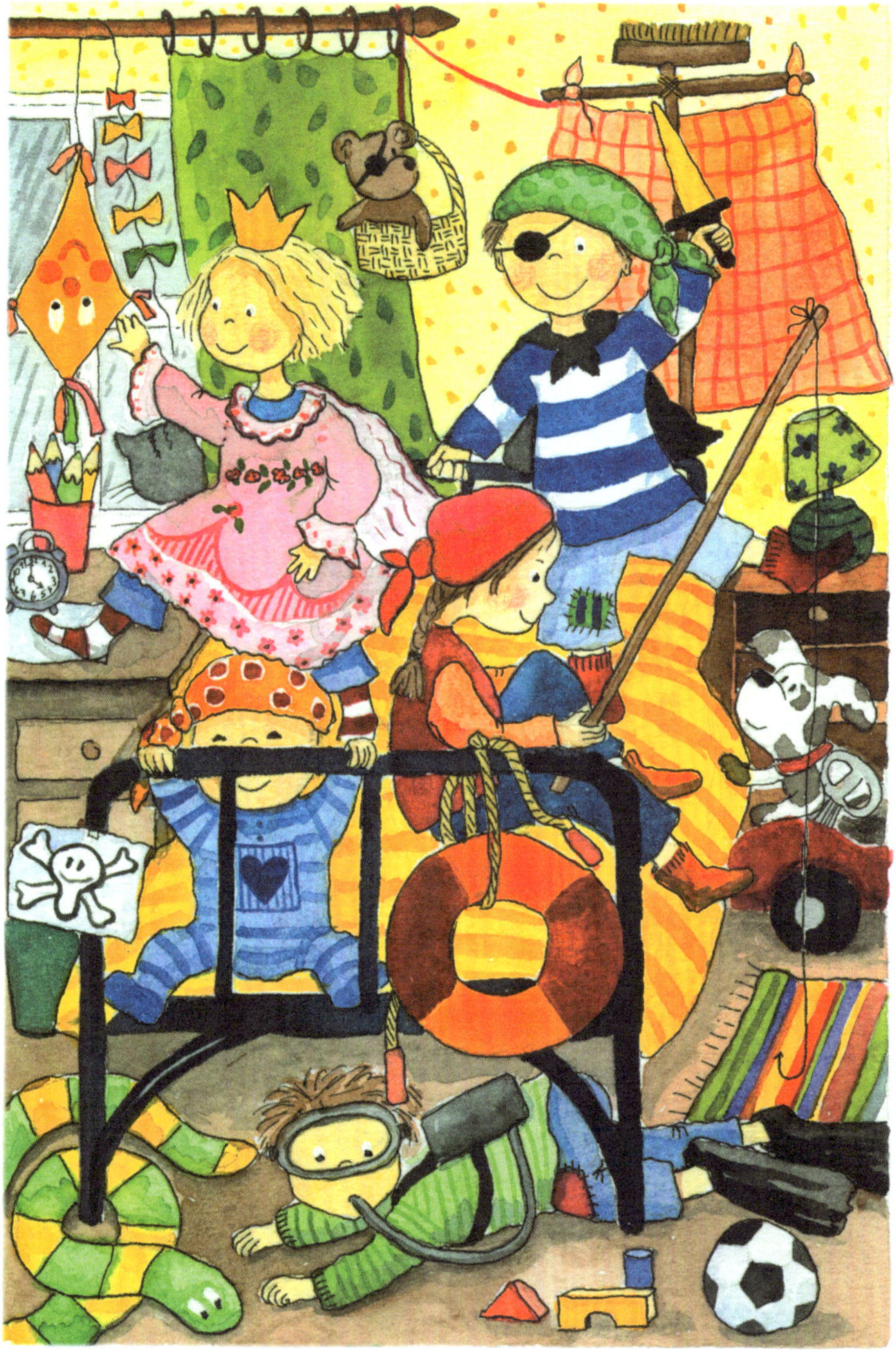

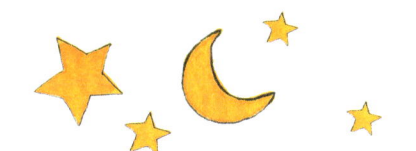

In Leonies Zimmer sitzen ihre zwei kleineren Geschwister auf dem Bett. „Wir wollen auch mitspielen", sagt die dreijährige Anna. Und Timo, der ganz Kleine, nuckelt fröhlich an seinem Schnuller. „Ich bin die Piratenbraut", erklärt Nadine. „Und du bist die Prinzessin, die ich geraubt habe", sagt Kai zu Leonie. Anna verkündet: „Ich gehe tauchen!" Sie lässt sich von Kai die Taucherbrille aufsetzen und krabbelt unter das Bett. Kai hüpft um Leonie herum auf das Bett und wieder herunter und schreit: „Ich bin der König der einäugigen Piraten! Der wilde Johnny!" Leonie ruft laut: „Hilfe! Hilfe! Ich bin entführt worden!" Der kleine Timo lacht vor Vergnügen.

Plötzlich geht die Kinderzimmertür auf und die Mutter kommt herein. „Was macht ihr denn da?", ruft sie. Es wird mit einem Schlag mucksmäuschenstill. Schließlich sagt Kai: „Wir spielen nur." „Das sieht mir mehr nach toben aus, nicht nach spielen", sagt die Mutter. Doch als sie die seltsamen Verkleidungen sieht, muss sie doch lachen.

„Na schön. Dann spielt mal schön weiter. Aber das geht bestimmt auch ohne dieses Geschrei, oder? Piraten müssen leise sein, damit sie nicht entdeckt werden."

Was spielen die Kinder an diesem Regentag?

Die Ärgermaus

Lisa und Björn sind Geschwister. Lisa ist jetzt zwei Jahre alt. Björn ist schon sechs Jahre. Lisa liegt in ihrem Bett und sieht sich ihr Lieblingsbilderbuch an. Björn liegt auch im Bett, aber er sieht sich gar nichts an. Er ist schlecht gelaunt. Und weil Björn so eine schlechte Laune hat, fängt er an, Lisa zu ärgern. „Du kannst ja noch nicht mal lesen!", sagt er. „Du bist klein und doof!" Jetzt ist Lisa auch sauer. „Gar nicht klein und doof!", ruft sie und streckt Björn die Zunge raus. „Mama", ruft Björn, „Lisa streckt mir die Zunge raus!" – „Gar nicht!", schreit Lisa. „Mama, der Björn ärgert mich!" – „Gar nicht", ruft jetzt Björn, „ich habe gar nichts gemacht!"

Die Tür geht auf und Mama kommt herein. „Na, ihr Rabauken", sagt sie und lacht, „was ist denn mit euch los? Hat euch die Ärgermaus gebissen?" Björn und Lisa staunen. „Was soll das denn sein?", fragt Björn. „Na", sagt Mama und setzt sich auf einen Stuhl zwischen Lisa und Björn, „die Ärgermaus lebt in Zimmern, in denen Geschwister miteinander wohnen. Da schleicht sie sich ein und wartet, bis die Kinder ganz brav im Bett liegen. Dann tapselt sie heimlich zu den Kindern und flüstert ihnen ins Ohr: Los, ärger mal deine Schwester oder deinen Bruder! Und dann freut sie sich, wenn sich die Kinder streiten.

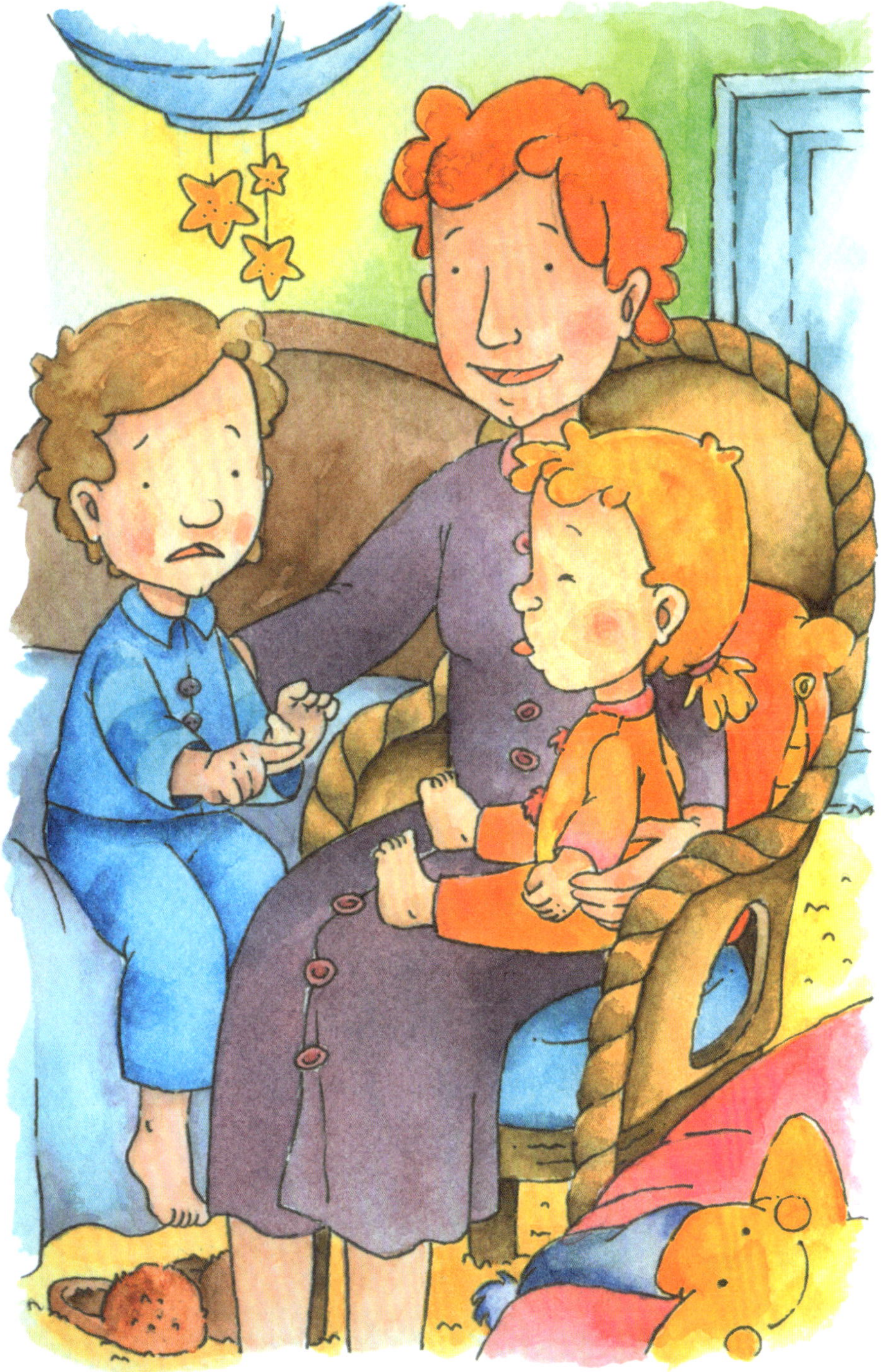

Sie rennt immer hin und her und flüstert beiden Kindern zu: Los, nicht aufhören, weitermachen! So geht das, bis die Kinder zur Ärgermaus sagen: Schluss jetzt, ich will mich gar nicht streiten. Und dann muss sie ganz kleinlaut in ihrem Mauseloch verschwinden. Also, war eine Ärgermaus hier bei euch?" Björn und Lisa sehen sich an. „Ich glaub schon, und jetzt hab ich gar keine Lust mehr zum Streiten", sagt Björn. Und Lisa sagt: „Ich auch nicht!" – „Fein", sagt Mama, „dann muss die Ärgermaus wieder in ihr Loch und meine Kinder wieder ins Bett. Nun schlaft schön!" Björn und Lisa bekommen beide einen Kuss. Ihre Mama macht das Licht aus.

Und du?
Du könntest jetzt eigentlich auch schlafen!
Gute Nacht, und lass dich bloß nicht von der kleinen Ärgermaus beißen!

Wie vertreibt man die Ärgermaus?